# Tiere im Wasser

Einfach gut erklärt von Johanna Prinz,
mit Bildern von Julie Sodré

# Leben im Wasser

Aus großer Entfernung scheint die Erde nicht grün wie die Wälder oder braun wie die Gebirge, sondern blau wie das Meer. Auf unserem Planeten gibt es etwa **doppelt so viel Wasser wie Land**. Der allergrößte Teil davon ist das **Salzwasser** der Ozeane. Flüsse, Bäche, Seen und Teiche führen **Süßwasser**. Wasser ist der **Lebensraum** für viele verschiedene Tierarten.

Weil es auf der Erde viel Wasser gibt, nennen wir sie auch „Blauer Planet".

Doktorfisch

## Vielfältige Unterwasserwesen

Forscher haben bisher mehr als **30 000 Fischarten** und etwa **50 000 Krebsarten** entdeckt. Einige Wissenschaftler nehmen an, dass es sogar doppelt so viele Muschelarten gibt. Etwa ein Viertel aller bekannten Tierarten lebt im Meer.

**Schwertwale** gehören zu den wenigen **Säugetieren,** die im Wasser zu Hause sind.

**Muscheln** sind **Weichtiere.** Sie kommen im Süß- und im Salzwasser vor. Ein hartes Gehäuse schützt ihren empfindlichen Körper.

Miesmuscheln

Viele **Insekten** haben ihren Lebensraum zeitweise im Wasser: Dort wachsen sie als Larven heran, später leben sie an Land. Der **Gelbrandkäfer** kann fliegen, schwimmen und tauchen. Er lebt in Seen und Teichen.

**Seesterne** können nicht schwimmen. Mit ihren kleinen Füßen laufen sie über den Meeresboden oder Felsen. Sie gehören zu den **Stachelhäutern**.

# Wie atmen Tiere im Wasser?

Alle Tiere brauchen das Gas **Sauerstoff**, um zu atmen. Sauerstoff kommt in der Luft und im Wasser vor. Die meisten Wassertiere wie Fische und Krebse atmen mit **Kiemen**. Kiemen sehen aus wie Fächer. Das Blut in den Kiemen fließt dicht unter der Haut entlang. Die Haut ist hier so dünn, dass der Sauerstoff aus dem Wasser direkt ins Blut hinüberwandert.

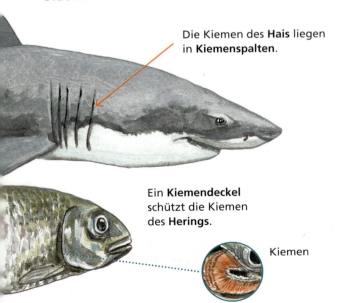

Die Kiemen des **Hais** liegen in **Kiemenspalten**.

Ein **Kiemendeckel** schützt die Kiemen des **Herings**.

Kiemen

**Frösche** und andere **Amphibien** atmen mit einer Lunge.

Tiere, die den Sauerstoff aus der **Luft** brauchen, atmen mit einer **Lunge**. In diesem Organ sind winzig kleine Bläschen: die **Lungenbläschen**. Beim Einatmen strömt Luft in die Lunge. In den Lungenbläschen geht der Sauerstoff aus der Luft ins Blut über. Tiere, die mit Lungen atmen, müssen also **zum Luftholen auftauchen**.

Lungenbläschen

Die **Seekuh** hat wie alle Säugetiere eine Lunge.

### Rekord im Luftanhalten

**Pottwale** gehören zu den Säugetieren. Sie können bis zu 90 Minuten lang unter Wasser bleiben, das ist so lange, wie zwei Schulstunden dauern.

# Leben im Meer

Meerwasser enthält **Salz**. Wenn zwei Flüssigkeiten, die unterschiedlich viel Salz enthalten, durch eine wasserdurchlässige Haut voneinander getrennt sind, fließt Wasser auf die Seite hinüber, auf der mehr Salz ist. Durch die Haut von Meeresfischen kann Wasser hindurchfließen. Ihr Körper besteht wie der von allen Lebewesen aus vielen kleinen Bausteinen, den Zellen. In den Zellen der Meeresfische ist eine salzige Flüssigkeit. Das Meerwasser ist aber noch viel salziger als die Körperflüssigkeit. Deshalb fließt ständig Wasser durch die Haut aus dem Körper heraus.

Weil das Wasser im Körper weniger Salz (rote Punkte) enthält als das Meerwasser, fließt Wasser aus dem Körper heraus.

Wenn der **Steinbutt** auf dem Meeresboden liegt, ist er kaum zu erkennen. Form und Farbe schützen ihn vor Feinden.

Damit der Fisch nicht austrocknet, trinkt er Salzwasser. In den Kiemen wird das Wasser entsalzt, bevor es ins Blut und von dort in die Zellen wandert.

Wie der **Wrackbarsch** nehmen alle Salzwasserfische Wasser durch den Mund und die Kiemen auf, damit sie nicht austrocknen.

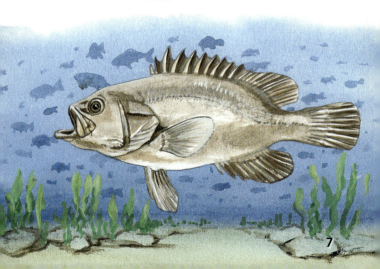

# Leben in der Tiefsee

An manchen Stellen ist das Meer über 10 000 Meter tief. Ab etwa **1000 Metern Tiefe** beginnt die Tiefsee. Hier ist es immer **dunkel** und sehr **kalt**. Auf den Tieren, die hier leben, lastet das Gewicht des Wassers. Da in ihrem Körper keine mit Luft gefüllten Räume sind, die sich verformen könnten, werden sie trotzdem nicht zusammengequetscht. **Tiefseetiere** sind **Räuber** oder **Aasfresser**, denn in der lichtlosen Tiefsee können keine Pflanzen wachsen.

Seitenlinienorgan

**Laternenfische** orientieren sich im Dunkeln mit Hilfe des **Seitenlinienorgans**. Auf beiden Körperseiten sind kleine Öffnungen. Durch sie nimmt der Fisch Bewegungen wahr, zum Beispiel, wenn ein Beutetier vorbeischwimmt.

Bei einem Angriff beginnt die **Tiefseequalle** zu leuchten. Wahrscheinlich schützt sie sich so vor Feinden, die sich dadurch **erschrecken**.

Der **Silberbeil-Fisch** lebt in der Dämmerungszone der Tiefsee. Mit seinen **Leuchtorganen** ahmt er das Licht der Umgebung nach und tarnt sich so vor Feinden.

Tiefseeanglerfisch

### Schon gewusst?

**Was machen Tiefseeanglerfisch und Laternenfisch mit ihren Leuchtorganen?**
a) Sie locken Beutetiere an.
b) Sie geben damit vor anderen Tiefseefischen an.
c) Sie leuchten sich den Weg durch die dunkle Tiefsee.

Lösung: a)

# Leben an der Küste

Der **Weiße Hai** jagt gern an Felsküsten, an denen Seelöwen ihre Jungen zur Welt bringen. Die unerfahrenen Jungtiere sind für den Hai eine leichte Beute.

Küsten sind überall, wo das Meer auf das Land trifft. **Steilküsten** sind jäh ins Meer abfallende Felsen. Ein **Strand** ist eine flache Uferzone. Das **Watt** ist der Teil des Meeresbodens, der bei **Flut** unter Wasser liegt und bei **Ebbe** trocken fällt. Wattenmeer gibt es nur an wenigen Küsten der Welt. In diesen Lebensräumen sind besonders viele Tiere zu Hause.

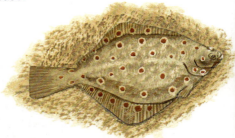

**Schollen** wachsen im Wattenmeer der Nordsee auf.

10

Auch an den Küsten der **Tropen** gibt es Ebbe und Flut.
Die Wurzeln der dort wachsenden **Mangrovenbäume** sind nur bei Flut von Wasser bedeckt.

**Schlammspringer** sind Fische. Sie leben in Mangrovenwäldern. In ihren Kiementaschen können sie Meerwasser speichern, das sie durch Luftschnappen mit Sauerstoff anreichern.
So können sie mehrere Stunden lang im Schlick nach Nahrung suchen.

Um an Land atmen zu können, sammelt die **Mangrovenkrabbe** Wasservorräte in ihren Kiemen.

Der **Stachelrochen** lebt im flachen Wasser vor Sandstränden.

# Leben in Seen und Teichen

Seen und Teiche entstehen, wenn sich Regenwasser sammelt. Ihr Wasser enthält nur wenig Salz und heißt **Süßwasser**. Die Flüssigkeit in den Zellen der Süßwasserfische enthält mehr Salz als das Wasser des Sees. Auch durch die Haut von Süßwasserfischen kann Wasser hindurchfließen.
Da Wasser stets zur salzigeren Seite fließt, kommt immer neues Wasser in den Körper der Süßwasserfische. Deshalb trinken Süßwasserfische nicht, sondern scheiden Wasser durch die Kloake aus.

**Lachse** können im Salz- und im Süßwasser leben. Ihr Körper kann Wasser aufnehmen wie der eines Salzwasserfischs und Wasser abgeben wie der eines Süßwasserfischs.

Der **Wasserskorpion** ist eine Wanzenart und gehört zu den **Insekten**. Was aussieht wie der Schwanz, ist ein **Atemrohr**, mit dem das Tier Luft holt.

Kloake

Weil im Körper des Süßwasserfisches mehr Salz (rote Punkte) ist als in der Umgebung, dringt beständig Wasser in ihn hinein. Über die Kloake scheidet er Wasser aus.

## Nachbarschaftshilfe im Wasser

Es gibt Wassertiere, die sich gegenseitig helfen: Der **Bitterling** etwa legt seine Eier in die Schale der **Teichmuschel**. Dort liegen sie geschützt, bis die jungen Fische schlüpfen. Im Gegenzug hängen sich die Larven der Teichmuschel an den Bitterling und lassen sich dorthin tragen, wo es viel zu fressen gibt.

13

# Leben in Flüssen und Bächen

In Flüssen und Bächen fließt Süßwasser von einer Quelle bis ins Meer oder in einen See. Wer hier lebt, muss ständig gegen die **Strömung** ankämpfen.

Die Larven einiger **Köcherfliegearten** fügen mit einem klebrigen Stoff Steinchen oder Pflanzenteile zu Röhren (Köcher) zusammen. Dadurch sind die Larven schwerer und die Strömung treibt sie nicht so schnell davon.

Der Körper der **Forelle** ist vorne und hinten schmal. Dadurch kann das Wasser leicht an ihr vorbeiströmen und sie braucht nicht so viel Kraft, um gegen die Strömung zu schwimmen.

**Eintagsfliegen** legen Eier in Flüssen oder Bächen ab. Aus den Eiern schlüpfen Larven, die im Wasser leben. Sie können sich flach auf den Boden legen, so werden sie von der Strömung nicht weggerissen.

Der **Große Schneckenegel** hält sich mit einem seiner Saugnäpfe an Steinen oder Wasserpflanzen fest, damit er nicht von der Strömung weggespült wird.

### Schon gewusst?

**Welcher Krebs lebt im Süßwasser?**
a) Bachhummer
b) Flusskrebs
c) Tümpelkrabbe

Lösung: b)

15

# Wanderer zwischen den Welten

Die **Kegelrobbe** lebt im Winter an Land. Ihre Nahrung findet sie aber nur im Meer. Kegelrobben fressen bis zu zehn Kilogramm Fisch am Tag.

Manche Tierarten leben an Land und jagen im Wasser. Andere leben nur als Jungtiere oder nur als ausgewachsene Tiere im Wasser.

1. Der **Grasfrosch** legt seine Eier (Laich) im Süßwasser ab.

2. Aus dem Laich schlüpfen **Kaulquappen**, die Kiemen und Flossen haben. Sie leben im Wasser.

3. Im Laufe von drei Monaten verwandeln sich die Kaulquappen in Frösche. Frösche atmen mit einer Lunge und leben an Land. Die Wandlung der Kaulquappe in einen Frosch heißt **Metamorphose**.

Die **Grüne Meeresschildkröte** lebt in warmen Meeren.
Ihre Eier vergräbt sie nachts am Strand.

Nach zwei bis drei Monaten schlüpfen die Schildkröten. Sie graben sich aus dem Sand und laufen ins Meer.

1. Die **Stechmücke** legt ihre Eier auf der Wasseroberfläche von Seen oder Teichen ab.

2. Aus den Eiern schlüpfen die **Mückenlarven**. Über ein Atemrohr bekommen sie Luft.

3. Nach rund zwei Wochen verpuppen sich die Larven.

4. Wenige Tage später schlüpft aus der **Puppe** eine Stechmücke.

5. Nach etwa einer Stunde kann sie fliegen und geht auf Nahrungssuche.

# Tiere oder Pflanzen?

Einige Wassertiere haben **keine Beine oder Flossen**. Deshalb werden sie häufig mit Pflanzen verwechselt. Es sind aber **Tiere**. Das erkennst du daran, dass sie sich von **Plankton,** winzig kleinen Tieren und Pflanzen, ernähren. Im Gegensatz zu Pflanzen entwickeln sie sich außerdem aus **Larven**.

**Seeanemonen** leben im Meer. Mit ihren Fangarmen fressen manche Plankton, andere fangen Fische, Krebse und Schnecken. Die Tiere haften an den Fangarmen, bis die Seeanemone sie in ihren Mund zieht.

**Schwämme** filtern Plankton aus dem Wasser.

## Korallen in Gefahr

**Korallenriffe** sind gefährdet. Durch menschliche Einflüsse wie die Zerstörung von Wäldern wird es auf der Erde wärmer. In dem wärmeren Wasser sterben Korallen. Auch Dreck im Meer schadet den Tieren. Touristen zerstören Korallen, wenn sie beim Tauchen darauf treten oder den Anker ihres Bootes einfach herunterlassen.

**Korallen** bestehen aus vielen kleinen Polypen. Jeder Polyp ist ein Tier, das sich von Plankton ernährt. **Steinkorallen** scheiden Kalk aus, unter ihnen entsteht eine harte **Kalkschicht**. Wenn sich der Kalk vieler Tieren miteinander verbindet, bildet sich ein Korallenriff. Korallenriffe sind die Lebensräume des Meeres, in denen die meisten Tierarten zu Hause sind. Korallen gibt es vor allem in tropischen Meeren.

## Zwerge ...

**Krill** sind Kleinkrebse. Sie sind Teil des Meeresplanktons. Sie ernähren sich von winzigen Pflänzchen und werden höchstens sechs Zentimeter groß. Krill ist für viele Tiere die wichtigste Nahrungsquelle.

Der ein Millimeter lange **Hüpferling** ist ein Kleinkrebs und Teil des Süßwasser-Planktons. Er schlägt beim Schwimmen mit zwei langen Fühlern. Das sieht aus, als würde er durchs Wasser hüpfen.

**Plankton** sind die kleinsten Tiere im Wasser. Sie sind so klein, dass sie in einem Wassertropfen Platz haben. Um sie zu sehen, brauchst du eine Lupe.

Der **Blauwal** ist das größte Tier der Erde. Er wird bis zu 32 Meter lang. Allein sein Herz ist so groß wie ein Auto. Das riesige Säugetier ernährt sich von einem der kleinsten Tiere der Welt, von Krill.

# ... und Riesen

Die größten Wassertiere leben im Meer. Sie legen häufig weite Strecken zurück, um genügend Nahrung zu finden.

### Schon gewusst?

**Wie schwer ist der Pazifische Riesenkrake, der größte Krake der Welt?**
a) Zwischen 20 und 40 Kilogramm
b) Rund 100 Gramm
c) Zehn Tonnen und zwei Gramm

Lösung: a)

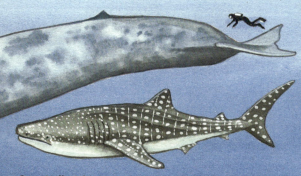

Der **Walhai** frisst Plankton, Makrelen und kleine Thunfische.

## Wassertiere in Not

Viele Tierarten sind bedroht. Wenn Tanker sinken und **Öl ausläuft**, verklebt die schmierige Flüssigkeit das Gefieder der Seevögel. Robben und andere Meeressäuger, die zum Atmen an die Oberfläche kommen müssen, ersticken an dem Öl. Einige **Meere sind überfischt**. Hier wurden mehr Fische einer Art gefangen, als Nachkommen dieser Art geboren werden. Deshalb sind zum Beispiel viele Thunfischarten vom Aussterben bedroht.

Pelikan

Oft verfangen sich
Meeressäuger
wie Delfine oder
Schweinswale
in Fischernetzen
und ersticken.

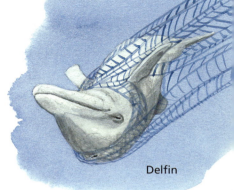

Delfin

Es gibt auch **Baustellen im Meer**, etwa wenn dort Windräder aufgestellt werden. Dann ist es manchmal unter Wasser **so laut**, dass die Tiere krank werden können. Durch Baustellen, **Müll auf dem Wasser** oder die dort fahrenden **Motorschiffe** gibt es immer weniger saubere und ungestörte Stellen.

### Neue Arten

Wissenschaftler entdecken ab und zu neue Tiere wie 2005 die **Yeti-Krabbe**. Der Krebs ist etwa so lang wie eine Hand (15 cm), lebt in rund 2000 Metern Tiefe, hat blonde Haare und ist blind. Forscher vermuten in der Tiefsee noch viele unbekannte Tierarten.

# Pixi Wissen Rätselseite

**1.** Hier siehst du Bilder von der Geburt eines Delfins, die etwas durcheinandergeraten sind. Was kam zuerst – kennst du die richtige Reihenfolge?

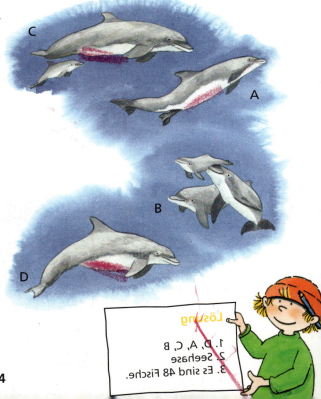

Lösung

1. D, A, C, B
2. Seehase
3. Es sind 48 Fische.

**2.** Welchen Fisch beschreiben diese Bilder? Schreibe die Wörter unter die Bilder und schon weißt du, welcher Fisch auf dem Titelbild dieses Buches zu sehen ist.

**Lösungswort:** SEEHASE

**3.** Goldfische sind Süßwasserfische, die als Haustiere sehr beliebt sind. Wie viele Fische sind hier zu sehen?

# Pixi Wissen Lexikon

**Aas** Körper eines toten Tieres

**Amphibien** Alle Amphibien leben an Land und im Wasser. Zu dieser Tiergruppe gehören Tierarten wie der Europäische Laubfrosch.

**Brackwasser** Mischung aus Süß- und Salzwasser

**Insekten** Alle Tierarten dieser größten Tiergruppe der Welt haben sechs Beine. Bienen und Fliegen sind Insekten.

**Kloake** Gemeinsame Körperöffnung für Urin, Kot und die Geschlechtsorgane

**Larve** Manche Tiere sehen, wenn sie noch klein sind, ganz anders aus als später. Sie sind Larven, bevor sie als Erwachsene ihre endgültige Gestalt annehmen.

**Säugetiere** Alle Tierarten dieser Tiergruppe säugen ihre Jungen mit Muttermilch. Kühe und Affen sind Säugetiere.

**Stachelhäuter** Alle Tierarten dieser Tiergruppe leben im Meer und haben kleine Stacheln unter der Haut. Seesterne und Seeigel sind Stachelhäuter.

**Tierart** Gruppe von Tieren, die ähnlich aussehen und sich ähnlich verhalten

**Weichtiere** Die Tierarten dieser Tiergruppe haben kein Skelett. Muscheln und Schnecken sind Weichtiere.

**Tropen** Gebiet zwischen dem Äquator, der gedachten Linie um die breiteste Stelle der Erde, und den Subtropen. Hier herrscht ein feuchtes und warmes Klima.

**Zelle** Jedes Lebewesen besteht aus diesen winzigen Einzelteilen, die mit dem bloßen Auge nicht zu erkennen sind.

# Pixi Wissen Quiz

**1. Wofür wurden Seekühe früher häufig gehalten?**

a) Meerjungfrauen
b) Plankton
c) Pflanzenbüschel

**2. Wie alt kann ein Wasserfloh werden?**

a) 85 Sekunden
b) 85 Tage
c) Steinalt

**3. Zu welcher Fischgruppe gehört die Scholle?**

a) Eisfische
b) Fladenfische
c) Plattfische

**4. Was ist Brackwasser?**

a) Eine Mischung aus Saft und Sprudel
b) Eine Mischung aus Süß- und Salzwasser
c) Verdrecktes Tümpelwasser

Lösung
1a
2b
3c
4b
5a
6a
7b
8c
9a

## 5. Wie heißt die Grüne Meeresschildkröte noch?

a) Suppenschildkröte
b) Kotzkröte
c) Grünling

## 6. Was ist das besondere am Clownfisch?

a) Er und die Seeanemone schützen sich gegenseitig
   vor Feinden.
b) Er bringt Seeanemonen zum Lachen.
c) Seeanemonen finden ihn nicht lustig.

## 7. Wie heißen Krebse, die in einer leeren Muschelschale wohnen?

a) Hausklauerkrebs
b) Einsiedlerkrebs
c) Schalensucherkrebs

## 8. Welches Tier gibt es nicht?

a) Nagelrochen
b) Hammerhai
c) Schraubenhecht

## 9. Was ist ein Meerengel?

a) Ein Hai
b) Der Bote des Meeresgottes Neptun
c) Ein besonders leckeres Fischstäbchen

# Pixi Wissen präsentiert

Bd. 1
Pferde und Ponys
ISBN 978-3-551-24051-4

Bd. 2
Piraten
ISBN 978-3-551-24052-1

Bd. 3
Die Erde
ISBN 978-3-551-24053-8

Bd. 10
Planeten und Sterne
ISBN 978-3-551-24060-6

Bd. 11
Das Meer
ISBN 978-3-551-24061-3

Bd. 21
Dinosaurier
ISBN 978-3-551-24071-2

Bd. 23
Fußball
ISBN 978-3-551-24073-6

Bd. 24
Streiten und Vertragen
ISBN 978-3-551-24074-3

Bd. 25
Mein Körper
ISBN 978-3-551-24075-0

Bd. 28
Eisenbahn
ISBN 978-3-551-24078-1

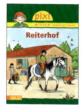
Bd. 47
Reiterhof
ISBN 978-3-551-24097-2

Bd. 48
Weltreligionen
ISBN 978-3-551-24098-9

Bd. 49
Die Jahreszeiten
ISBN 978-3-551-24099-6

Bd. 52
Weltraum
ISBN 978-3-551-24102-3

Bd. 54: 100 mal Wissen und Staunen: Pferde
ISBN 978-3-551-24104-7

Bd. 55: 100 mal Wissen und Staunen: Dinosaurier
ISBN 978-3-551-24105-4

Bd. 56: 100 mal Wissen und Staunen: Planeten
ISBN 978-3-551-24106-1

Bd. 57: 100 mal Wissen und Staunen: Die Erde
ISBN 978-3-551-24107-8

Bd. 50
Ermittler und Detektive
ISBN 978-3-551-24100-9

Bd. 51
Urwälder
ISBN 978-3-551-24101-6

Bd. 59
Säugetiere
ISBN 978-3-551-24109-2

Bd. 61
Deutschland
ISBN 978-3-551-24111-5

Bd. 63
Steinzeit
ISBN 978-3-551-24113-9

Bd. 68
Olympia
ISBN 978-3-551-24118-4

Bd. 70
In den Bergen
ISBN 978-3-551-24120-7

Bd. 71
Energie und Strom
ISBN 978-3-551-24121-4

Bd. 72: Fußball-
Europameisterschaft
ISBN 978-3-551-24122-1